# BEI GRIN MACHT SICH IHR WISSEN BEZAHLT

- Wir veröffentlichen Ihre Hausarbeit,
  Bachelor- und Masterarbeit

- Ihr eigenes eBook und Buch -
  weltweit in allen wichtigen Shops

- Verdienen Sie an jedem Verkauf

## Jetzt bei www.GRIN.com hochladen und kostenlos publizieren

**Bibliografische Information der Deutschen Nationalbibliothek:**

Die Deutsche Bibliothek verzeichnet diese Publikation in der Deutschen National-
bibliografie; detaillierte bibliografische Daten sind im Internet über http://dnb.d-
nb.de/ abrufbar.

**Impressum:**

Copyright © 2015 GRIN Verlag, Open Publishing GmbH
Druck und Bindung: Books on Demand GmbH, Norderstedt Germany
ISBN: 9783668278509

**Dieses Buch bei GRIN:**

http://www.grin.com/de/e-book/338138/fluechtlingssituation-in-deutschland-kann-
die-integration-von-asylwerbern

Winnie Faust

# Flüchtlingssituation in Deutschland. Kann die Integration von Asylwerbern gelingen?

GRIN Verlag

**GRIN - Your knowledge has value**

Der GRIN Verlag publiziert seit 1998 wissenschaftliche Arbeiten von Studenten, Hochschullehrern und anderen Akademikern als eBook und gedrucktes Buch. Die Verlagswebsite www.grin.com ist die ideale Plattform zur Veröffentlichung von Hausarbeiten, Abschlussarbeiten, wissenschaftlichen Aufsätzen, Dissertationen und Fachbüchern.

**Besuchen Sie uns im Internet:**

http://www.grin.com/

http://www.facebook.com/grincom

http://www.twitter.com/grin_com

# Die Flüchtlingssituation in Deutschland.

Kann Integration von Asylwerbern gelingen?

# Inhaltsverzeichnis

# 1. EINLEITUNG

Aktuell beherrscht die Debatte um eine grundlegende Umgestaltung der Migrationpolitik die deutschen Gemüter. Die Akzeptanz bezüglich der Auffassung, das Deutschland ein Einwanderungsland sei, ermöglichte erneute Diskussionen um die Neugestaltung der Zuwanderungspolitik. Seit der Zweitausendwende und dem damit in Kraft tretenden Staatsangehörigkeitsrecht sowie die *Green Card*-Intiative kam die Bevölkerung langsam endlich zu dem Bewusstsein, dass Einwanderung nicht etwa ein Problem für Deutschland darstellen muss, sondern die Republik sich, mit der geeigneten Reaktionstaktik, einer neuen Chance für die Zukunft gegenüber sieht. Dieser Bewusstseinswandel trug dazu bei, dass das Thema Einwanderung nun endlich im positiven Kontext diskutiert werden konnte. Vor allem Vertreter diverser Wirtschaftsbranchen äußerten ihren Glauben an die Bewältigung des Arbeitermangels durch ausländische Arbeitskräfte, sowie deren vorteilhafter Einfluss auf die langfristige Arbeitsmarktentwicklung. Wissenschaftler hießen die Ansiedlung von Migranten und deren Eingliederung in die deutsche Gemeinschaft über mehrere Generationen willkommen, um somit den Schrumpfungs- und Alterungsprozessen in der Bevölkerung und deren Folgen für Wirtschaft und Gesellschaft entgegenzuwirken. Die deutsche Regierung wurde also einig darüber, dass für die Einwanderung gesteuert werden müsse und das dafür ein geeignetes Instrumentarium geschaffen werden müsse. Ebenso sei die Förderung der inländischen Bildung und Erwerbstätigkeit Vorraussetzung für eine aktive und vorsätzliche Einwanderungspolitik.

Zuwanderung ist naturgemäß leider häufig in allen Bereichen mit Konflikten verbunden und die Verleugnung des Zustände war Deutschland in keinster Weise dienlich. Der derzeitig endgültige Aufbruch der allgemeinen Denkblockade einhergehend mit der Gründung von Institutionen wie Integrations- und Sprachkurse, Bildungseinrichtungen wie der Schlau Schule oder der Fusion von Asyl- und Menschenrechte lassen auf einen zukunftsorientierten Umgang mit der Flüchtlingsthematik hoffen. [1]

## 2. Unterthema 1

### 2.1 BEGRIFFSERKLÄRUNG ASYL UND INTEGRATION

An erster Stelle muss wohl geklärt werden, was man unter einem Flüchtling versteht. Laut der *UN Refugee Agency* ist ein Flüchtling eine Person, die aufgrund ihrer Nationalität, Rasse, Religion, ihrer politischen Überzeugung oder der Zugehörigkeit zu einer gewissen sozialen Gruppe eine Verfolgung fürchten muss und deren Schutz im eigenen Heimatland nicht gewährleistet ist. Deshalb

---

1 Vgl. „Migration steuern und verwalten", S. 481 ff.

verlässt ein Flüchtling notgedrungen das Land, dessen Staatsangehörigkeit er besitzt und in dem er seinen ständigen Wohnsitz hat, und sucht, im Anschluss an seine Flucht, um Asyl in einer anderen Nation an. Im Zuge seines Asylgesuchs im „Schutzland" muss der Flüchtling mehrere Verfahren von Seiten der Regierung durchlaufen, um den Status eines Flüchtlings und die damit verbundenen Rechte zu gewährleisten.[2]

Laut dem deutschen Duden bedeutet Asyl „Aufnahme und Schutz [für Verfolgte]"[3]. Wird (vorübergehend) Asyl gewehrt, muss die Regierung für die Wahrung der Grundrechte und die körperliche Unantastbarkeit garantieren.[4]

Die Definition für „Integration" lautet „Verbindung einer Vielfalt von einzelnen Personen oder Gruppen zu einer gesellschaftlichen und kulturellen Einheit"[5]. Infolge der Migration in den letzten Jahrzehnten ist die deutsche Gesellschaft im kulturellen, im religiösen sowie im sprachlichen Bereich durchweg vielfältiger geworden. Heute leben mehr als 15 Millionen Menschen mit Migrationshintergrund in Deutschland. Diese daraus resultierende Vielfältigkeit und Multikulturalität bietet viele interessante Möglichkeiten für die kulturelle, gesellschaftliche als auch wirtschaftliche Entwicklung Deutschlands, bedarf jedoch einer Gestaltung. Das Wort „Integration" beinhaltet all diese Prozesse und Mittel der integralen Strukturierung. Integration gilt als gelungen, wenn Menschen mit Migrationshintergund ihren Platz in der deutschen Gesellschaft gefunden haben. Da Einwanderung ein fortwährende Angelegenheit ist, stellt die Eingliederung von Zuwanderern eine langfristige und wandelbare Herausforderung für Gesellschaft und Staat dar. Ein gutes Miteinander setzt Verantwortung, einen gemeinschaftlichen Gestaltungswillen und das Interesse an der Wahrung von Werten nach dem deutschen Grundgesetz voraus.[6] Die Hauptziele der Integration sehen die sprachliche, berufliche und gesellschaftliche Inklusion sowie gleichwertige Bildung vor.[7]

## 2.2 ENTWICKLUNG DER ASYLGESETZGEBUNG SEIT DEM 2. WELTKRIEG

Trotz der Arbeitslosenrate von 7 %, wurde bereits 1954 über die Zulassung von 100.000 bis 200.000 landwirtschaftliche Arbeiter vornehmlich aus Italien verhandelt. Bald darauf, am 22. Dezember 1955, wurde schließlich das deutsch-italienische Anwerbeab-kommen vereinbart. Dieses Abkommen gilt als das erste Zuwanderergesetz seiner Art in Deutsch-

---

2 Vgl. www.unhcr.de
3 www.duden.de
4 Vgl. www.unhcr.de
5 www.duden.de
6 Vgl. „Bundesweites Integrationsprogramm", S. 9 f.
7 Vgl. ebda., S. 13

land und diente somit auch als Muster für alle weiterfolgenden. Somit war die Ausländerbeschäftigung in Deutschland geboren, wobei diese Regelung vorerst nicht mit einer längerfristigen Perspektive verbunden war.

Aufgrund des Wirtschaftswachstums kam es bereits 1959 zu einem regelrechten „Kampf um Arbeiter"[8], was zu Beginn des Jahres 1960 zu ähnlichen Anwerbeverträgen mit Griechenland und Spanien, 1961 mit der Türkei, und nur wenige Jahre später mit Portugal und Jugoslawien führte. Aufgrund des Ausländergesetzes von 1965 wurden die Arbeiter aus den EWG-Ländern den einheimischen Arbeitnehmern im Bezug auf das Arbeitsrecht gleichgestellt, dessen Durchsetzung sich jedoch erst schrittweise bis 1970 vollzog.

Was jedoch das Ausländerrecht betraf, so erhielten die Gastarbeiter nur die vorübergehende Aufenthaltserlaubnis, die auf ein Jahr befristet war. Diese wurde nur unter folgendem Umstand verlängert, wenn „die Belange der Bundesrepublik Deutschland nicht beeinträchtigt"[9] wurden. Angesichts der sinkenden Rückkehrquoten der Gastarbeitern und dem vermehrten Zuzug von Familienangehörigen, entflammte Anfang der 70er Jahre eine Debatte bezüglich der Vor- und Nachteile der Ausländerbeschäftigung. Es folgte nun eine Anwerberstop für Gastarbeiter aus den Nicht-EG-Ländern im Jahre 1973, die Entwicklung aber nahm einen anderen Verlauf als geplant. Während zwar die Erwerbstätigkeit von Gastarbeitern vorübergehend abnahm, stieg jedoch die Zahl der in Deutschland lebenden Ausländern an. Diese begannen ihren Lebensmittelpunkt von ihrem Heimatland nach Deutschland zu verlagern, was eben zur Folge hatte, dass sich ganze Familien in Deutschland ansiedelten, um hier zu bleiben und schließlich Teil der deutschen Gesellschaft zu werden. Gastarbeiter wurden zu Einwanderern. Mithin war die Phase des „innereuropäischen Arbeitskräfteaustauschs"[10], dessen Merkmal das Gastarbeiter-Phänomen war, vorüber. In den 80er Jahren kam es zu einer neuen Differenzierung, weg von der dem Gegensatzpaar Inländer-Ausländer hin zur Dichotomie EG Inländer / EG-Ausländer. Daraufhin kam es zu ersten Auseinandersetzungen mit Armutsflüchtlingen. Es dauerte allerdings noch 20 Jahre, bis der vollzogene Wandel in der Bundesrepublik Deutschland wahrgenommen wurde und entsprechende Reaktionen stattfanden.[11]

## 2.3 AUFGABEN UND PROBLEMANALYSE / AKTUELLE SITUATION

Aktuell ist Deutschland bemüht, seine Asylgesetzgebung im Einklang mit der Europäischen Union zu reformieren. Da Deutschland zu den Hauptaufnahmeländern zählt, ist im Durchschnitt, laut des Bundesamtes für Migration und Flüchtlinge (BAMF), mit 200.000 Asyl-Erstanträgen jährlich zu

---

8  „Geschichte der Ausländerpolitik in Deutschland" S. 208
9  Zitiert nach dem §2 des Ausl. Gesetz in: ebda., S. 212
10  „Geschichte der Ausländerpolitik in Deutschland", S. 284
11  Vgl. ebda., S. 202 ff.

rechnen.

Infolge der Kritik am Dublin-System, welches vorsieht, dass Flüchtlinge den Asylantrag an jenem Ort stellen müssen, an dem Sie das Land betreten haben, wird nach einer humanitären Lösung gesucht, die auch die EU-Randstaaten entlastet. So wird zum Beispiel gegenwärtig darüber diskutiert, ob eine gerechtere Verteilung von Flüchtlingen in den EU-Ländern im Verhältnis zur Einwohnerzahl möglich sei.

Des Weiteren hat das deutsche Bundesverfassungsgericht festgestellt, dass die gesetzlichen Bedingungen für Asylsuchende kein menschenwürdiges Dasein zuließen. Auch hier soll den Umstand mit höheren Leistungen und einer besseren Gesundheitsversorgung entgegengewirkt werden. Künftig wird den Flüchtlingen, im Anschluss an ihren Aufenthalt in den Erstaufnahmeeinrichtungen, Geld statt Sachleistungen zur Verfügung gestellt werden. Besonders fortschrittlich in der Asylpolitik ist das zukünftige Gesetz, dass Asylanten ermöglicht, bereits drei Monate nach ihrem eingereichten Antrag legal zu arbeiten. Es darf die Dienststelle allerdings nur an einen Asylbewerber vergeben werden, wenn es keinen Deutschen oder EU-Bürger für den Job gibt. Außerdem entfällt nun auch die Residenzpflicht nach nur drei Monaten.[12]

## 2.4 DARSTELLUNG DES VERLAUFES IN DEN VERGANGENEN JAHREN (ANTRÄGE)

Grundsätzlich ist es so, dass der Asylsuchende sich an eine Erstaufnahmeeinrichtung wendet, wo seine Personendaten erfasst werden und er daraufhin eine vorübergehende Aufenthaltsgenehmigung erhält. Den Asylantrag wird dann von den Flüchtling selbst in der Außenstelle des Bundesamtes gestellt. Die Personendaten werden anschließend mit dem Ausländerzentralregister verglichen, um festzustellen, ob es sich um einen Erst- oder Folgeantrag handelt. Anschließend werden Fingerabdrücke genommen und ein Passfoto gemacht, anhand denen dann verglichen wird, ob der Asylbewerber bereits in einem anderen EU-Mitgliedsstaat den Asylstatus beantragt hat.     Während des Asylverfahrens darf der Antragsteller, berechtigt durch eine Aufenthaltsgestattung, im deutschen Bundesgebiet bleiben. Diese beschränkt sich jedoch nur auf den Bezirk, in dem sich die Erstaufnahmeeinrichtung befindet, bei der sich der Flüchtling zu Beginn gemeldet hat. Nach einiger Zeit kommt es schließlich zur Anhörung, in der der Asylbewerber seine Verfolgung schildert. Infolge der Anhörung fällt die Entscheidung darüber, ob Asyl gewährt wird oder nicht. In Zusammenarbeit mit dem Auswärtigen Amt des jeweiligen Landes, des Flüchtlingshilfswerks UNHCR und *amnesty international* werden die Angaben geprüft sowie eine Gutachten erstellt. Die daraus resultierende Entscheidung wird dem Asylbewerber schriftlich mitgeteilt. Im Falle einer negativen Prüfung wird der Asylsuchende zur Ausreise aufgefordert beziehungsweise erhält eine

---

12 Vgl. www.dw.de

Abschiebungsandrohung.[13]

Um diesen Prozess gesetzlich zu untermauern, wurde 2008 vom Europäischen Gerichtshof in Luxemburg eine Liste herausgegeben, die nach dem „Prinzip der sicheren Drittstaaten"[14] festlegte, welche Asylantragsteller kein beziehungsweise ein beschleunigtes Verfahren erhalten. Des weiteren wurde ein Einbürgerungstests (2008) sowie eine Sprachtest (2007) beschlossen, der die Zuwanderung eindämmen sollte, was sich auch an der unten stehenden Grafik ablesen lässt. Im Gegenzug wurden aber am 24. Juni 2008 vom Bundesverwaltungsgericht Konditionen erlassen, die die Abschiebung von Ausländern in Krisenregionen erschwert.

Im Juli 2008 kam es schließlich zu dem Beschluss eines Einwanderungspakets, wodurch „die Einwanderung nach Europa im Sinne einer Steuerung der legalen und Bekämpfung der irregulären Migration neu geregelt werden. Legale Zuwanderung soll künftig nach den Bedürfnissen der Arbeitsmärkte und Aufnahmefähigkeit der Sozialsysteme der EU-Mitgliedsstaaten geregelt werden."[15]

2009 erließ der Europäische Gerichtshof ein Urteil, dass den Schutz von Flüchtlingen verstärken sollte[16]:

> Flüchtlinge, die einen subsidiären Schutz nach der Europäischen Menschrenrechtskonvention beantragt haben, müssen nicht notwendigerweise nachweisen, dass sie im Falle einer Abschiebung in das Herkunftsland einer individuellen Bedrohung ausgesetzt sind. Bestehe in einem Land ein hohes Ausmaß »willkürlicher Gewalt« müssen Flüchtlinge keine persönliche Bedrohung belegen."[17]

Im Jahr 2009 war die Zahl der Asylbewerber wieder angestiegen, jedoch ging gleichzeitig die Zahl der positiven Asylbescheide zurück. 2010 fordert die UN eine Umstrukturierung Einwanderungspolitik in Europa, die ohne Fremdenfeindlichkeit und verschärfte Asylverfahren auskommen sollte. Kurz darauf stellten die Linke und die Grüne Partei Deutschlands einen Antrag auf den „erleichterten Ehegattennachzug"[18].[19]

Grundsätzlich lässt sich die Einwanderungspolitik der vergangenen Jahre in 6 Phasen einteilen:

- · Phase 1: Anwerben von Gastarbeitern

- · Phase 2: Ausbau und Stärkung der Ausländerbeschäftigung

---

13 Vgl. www.bamf.de
14 Migrationsreport 2010, S. 201
15 Migrationsreport 2010, S. 211 f.
16 Vgl. Migrationsreport 2010, S. 201 ff.
17 Ebda. S. 254
18 Ebda., S. 313
19 Vgl. ebda., S. 254 ff.

- Phase 3: Formulierung von Integrationskonzepte

- Phase 4: Begrenzung der Einwanderungspolitik als Maßnahme gegen das „Ausländerproblem"

- Phase 5: Debatte um di Asylbewerber

- Phase 6: Bekenntnis zur Einwanderung; Umstrukturierungen in der Asylpolitik[20]

Im Jahr 2014 waren folgende Länder bei den Asyl-Erstanträgen am stärksten vertreten: Syrien, Serbien und Eritrea.[21]

## 2.5 EINFLÜSSE AUF DAS VERHALTEN DER ANTRÄGE

Prinzipiell unterscheiden wir zwei Arten von Flüchtlingen: Wirtschaftsflüchtlinge und politische Flüchtlinge. Umweltflüchtlinge sollen in dieser Betrachtung nicht miteinbezogen werden, da sie in die Asylpolitik keine fundamentale Rolle spielen.

Politische Flüchtlinge werden in Deutschland als „legitimer" angesehen, da ihre Flucht durch Krieg und Verfolgung nachvollziehbar begründet ist. Dabei darf man nur nicht übersehen, dass oft aufgrund von wirtschaftlichem Missständen zu politischen Unruhen kommt und dass Europa dabei keine unerhebliche Rolle spielt. Aggressive Handelssysteme sind oft an der Ausbeutung Dritter Weltländer beteiligt und zwingen die perspektivenlosen Einwohner zur Emigration.[22]

## 3. Unterthema 2: Schlau Schule (ZDF-Reportage)

### 3.1 ALLGEMEINES ZUR „SCHLAU SCHULE"

Die *Schlau Schule* ist ein geförderte Initiative, die neben Ausbildungsplätzen auch Unterkünfte anbietet. Minderjährige Flüchtlinge aus der ganzen Welt kommen hier zusammen, um Deutsch zu lernen, ihren Abschluss zu machen und einen Neuanfang zu wagen.[23] Der Trägerkreis Junge Flüchtlinge e. V. folgt den Prinzipien der Inklusionsdebatten und ermöglicht dem Großteil der Jugendlichen bereits nach kurzer Zeit den Eintritt in das deutsche Ausbildungssystem.[24]

### 3.2 HANDLUNGSWEGE DER SCHULE

Die *Schlau Schule* funktioniert in seinen Regelungen grundsätzlich wie jede andere Schule.[25] Ziel ist es, jungen Flüchtlingen den Zugang zu Bildung zu ermöglichen und ihnen dadurch den Weg

---

20 Vgl. „Deutschland, Einwanderungsland", S. 30 ff.
21 Vgl. Aktuelle Zahlen zu Asyl, S. 5
22 Vgl. Europa macht dicht., S. 15
23 Vgl. Reportage: www.zdf.de
24 Vgl. www.schlau-schule.de
25 Vgl. Reportage: www.zdf.de

in die Gesellschaft zu ebnen. Die Pädagogen begleiten die Jugendlichen nicht nur auf ihrem Bildungsweg, sondern helfen ihnen dabei, ihr eigenes Leben selbstbestimmt und eigenverantwortlich zu gestalten.[26]

Die Jugendliche teilen nicht die selben, aber alle schreckliche Schicksale: Flucht, Verfolgung und Misshandlung. Deshalb ist der soziale Umgang umso wichtiger, auch wenn es nicht immer einfach ist, sobald Kulturen aus über zwanzig Ländern zusammenkommen. Die Pädagogen fungieren dann als mehr als einfach nur Lehrer, sie sind Stütze, Zuhörer und Familienersatz.[27]

### 3.3 VORSTELLUNG DES VORSTANDES UND SEINE ZIELE
Der Vorstandsvorsitz der *Schlau Schule* ist Michael Stenger. Er sieht es als seine Aufgabe und eine Notwendigkeit, den Flüchtlingen zu helfen. Besonders wichtig ist für ihn, das Konzept der Aufnahme und „Willkommenskultur". Durch sein Engagement wird die *Schlau Schule* mittlerweile auch durch staatliche Zuschüsse unterstützt.[28]

### 3.4 LEBENSSITUATION DER FLÜCHTLINGE
Wie bereits oben erwähnt, gewährt die Schlau Schule den jungen Flüchtlingen nicht nur die Chance auf Bildung, sondern sie erhalten hier auch eine Art zweites Zuhause. Neben Unterkünften wird den Jugendlichen auch ein sicheres soziales Umfeld geboten. So unterschiedlich wie Kinder eben sind, so unterschiedlich sind auch die Ziele und Ideale der Schlau-Schüler. Während der eine dankbar den Schulplatz annimmt, der in seiner Heimat nur Privilegierten zugesprochen wird[29], ist für den anderen, aufgrund seines Traumas, kaum an Schule zu denken. Alle Schüler jedoch sehen die Notwendigkeit eines Schulabschlusses als ihren Wegbereiter in eine bessere Zukunft.[30]

### 3.5 ENTWICKLUNG DER SOZIALEN KONTAKTE
Da die *Schlau Schule* nicht nur als Bildungseinrichtung, sondern auch als soziale Institution fungiert, stehen stets die Schüler im Mittelpunkt. Sie können mit allen ihren Fragen und Ängsten zum Lehrkörper kommen. Logischerweise erfüllen die Lehrer dabei mehr als nur ihre pädagogische Position. Sie sind Gesprächspartner, Freund und oft auch eine Art Familie. Darüber hinaus gibt es in der *Schlau Schule* auch ehrenamtliche Helfer, die sich den Jugendlichen annehmen, mit ihnen Zeit verbringen und sie auf ihrem schwierigen Lebensweg begleiten.[31]

---

26 Vgl. www.schlau-schule.de
27 Vgl. www.sueddeutsche.de
28 Vgl. Reportage: www.zdf.de
29 Vgl. www.sueddeutsche.de
30 Vgl. www.welt.de
31 Vgl. Reportage: www.zdf.at

## 3.6 BERUFSBILDUNG

Über 90% der Schlau-Schüler absolvieren erfolgreich den Hauptschulabschluss und schaffen für sich somit dem Eintritt in die Berufswelt.[32] Aktuell ist es zwar nicht allzu einfach, als Asylant einen Ausbildungsplatz zu erhalten, aber Deutschland hat bereits, auch aufgrund des großen Bedarfs an Facharbeitern, begonnen umzudenken.

## 4. SCHLUSSGEDANKE

In den letzten Jahren kam es in Deutschland immer häufiger zu Diskussionen um die Asyl- und Migrationspolitik. Vor allem aufgrund der jüngsten Ereignisse in Frankreich, dem Angriff auf das Satire-Blatt *Charlie Hebdo*, und das zentrale Thema „Terrorismus" wurde gegenwärtig eine eifrige Debatte um die Ausländerfrage und die EU-Außengrenzen ausgelöst. Da aber inzwischen auch Kinder von Migranten in dritter Generation in Deutschland aufgewachsen sind, sind auch immer mehr Deutsche der Meinung, dass Multikulturalität mittlerweile ein fester Bestandteil der Bundesrepublik                                                                                                          ist.

Natürlich ist in einem Staat, der kulturell, sprachlich und religiös vielfältiger geworden ist, auch ein Umdenken bezüglich der Bildungspolitik notwendig.                                                                          Trotz allem sollte Migration in Zeiten der Europäischen Union eine gemeinschaftsstaatliche Aufgabe sein. Probleme sollten nicht zentriert in einzelnen Ländern für sich behandelt werden, sondern ein reger Austausch und eine konstruktive Kooperation zwischen den Staaten herrschen, sodass auch die EU-Außengrenzen entlastet werden können.                                                                Des Weiteren muss auch mit den Krisenländern, soweit als möglich, zusammengearbeitet werden und die wirtschaftlichen Interessen hinter den humanitären zurücktreten. Denn um die Flüchtlingsproblematik zu lösen, müssen die Ursachen behandelt werden. Trotz allem bleibt zu hoffen, dass Deutschland fortfährt, weiterhin produktiv an seiner Migrationspolitik zu arbeiten und das somit irgendwann, durch ein „Miteinanderverwachsen" der Generationen, jegliche Ideen von Fremdenfeindlichkeit und Befremdung ausgemerzt werden können.

---

32 Vgl. ebda.

**BIBLIOGRAPHIE**

Braun, Michael [et al.]: „Europa macht dicht. Wer zahlt den Preis für unseren Wohlstand", Frankfurt am Main: Westend Verlag GmbH 2011

Herbert, Ulrich: „Geschichte der Ausländerpolitik in Deutschland. Saisonarbeiter, Zwangsarbeiter, Gastarbeiter, Flüchtlinge", München: Verlag C.H. Beck oHG 2001

Hirseland, Katrin: „Bundesweites Integrationsprogramm. Angebote der Integrationsförderung in Deutschland – Empfehlungen zu ihrer Weiterentwicklung", Berlin: Bundesministerium des Inneren / Nürnberg: Bundesamt für Migration und Flüchtlinge 2010

Krüger-Portratz, Marianne / Schiffauer, Werner: „Migrationsreport 2010. Fakten – Analysen – Perspektiven. Für den Rat für Migration", Frankfurt am Main: Campus Verlag GmbH 2011

Meier-Braun, Karl Heinz: „Deutschland, Einwanderungsland", Frankfurt am Main: Suhrkamp Verlag 2002

Oltmer, Jochen: „Migration steuern und verwalten", Göttingen: V&R unipress GmbH mit Universitätsverlag Osnabrück 2003

## INTERNETQUELLEN

Bundesamt für Migration und Flüchtlinge:
http://www.bamf.de/DE/Migration/AsylFluechtlinge/Asylverfahren/AnhoerungEntscheidung/anhoerungentscheidung-node.html (Stand: 26.1.2015)

Bundesamt für Migration und Flüchtlinge: Aktuelle Zahlen zu Asyl. Tabelle, Diagramme, Erläuterungen. Ausgabe: Dezember 2014, online im Internet:
http://www.bamf.de/SharedDocs/Anlagen/DE/Downloads/Infothek/Statistik/statistik-anlage-teil-4-aktuelle-zahlen-zu-asyl.pdf?__blob=publicationFile (Stand: 26.1.2015)

Duden – Deutsches Universalwörterbuch. Online im Internet:
http://www.duden.de/rechtschreibung/Asyl (Stand 26.1.2015)

Deutsche Welle: Asylpolitik in Stichpunkten. Online im Internet:
http://www.dw.de/asylpolitik-in-stichpunkten/a-18040458 (Stand: 27.1.2015)

Trägerkreis Junge Flüchtlinge e.V.: SchlaU Schule. Online im Internet:
http://www.schlau-schule.de/lehrkonzept/so-arbeitet-schlau.html (Stand: 27.1.2015)
http://www.schlau-schule.de/lehrkonzept/paedagogisches-leitbild.html (Stand: 27.1.2015)

Eder, Christa: Hilfe in der Fremde. Online im Internet:
http://www.sueddeutsche.de/muenchen/integrationsprojekt-hilfe-in-der-fremde-1.468537 (Stand:

28.1.2015)

UNHCR – The UN Refugee Agency: Fragen & Antworten. Online im Internet: http://www.unhcr.de/service/fragen-antworten.html (Stand: 28.1.2015)

Reportage: Schlaue Schule für Junge Flüchtlinge. Online im Internet: http://www.zdf.de/ZDFmediathek/beitrag/video/2082750/Schlau-Schule-fuer-junge-Fluechtlinge#/beitrag/video/2082750/Schlau-Schule-fuer-junge-Fluechtlinge (Stand: 26.1.2015)